RAISONS

QVI PROVVENT MANIFESTE-

ment, que les Compositeurs de Musique ou les Musiciens qui se servent de Clavecins, Luths, & autres Instrumens d'harmonie pour l'exprimer, n'ont jamais esté, & ne peuvent estre de la Communauté des anciens Jongleurs & Menestriers de Paris, qui ont pris le Titre de Violons, Maîtres à Danser, & Joueurs d'Instrumens tant hauts que bas; & que les Jurez d'office de ladite Maîtrise n'ont aucun droit sur eux.

A PREMIERE Raison est, que les Musiciens ne peuvent estre d'aucun Mestier: d'autant que la Musique d'elle mesme estant une harmonie, ou convenance de sons plus purs que la lumiere, sa science une des plus belles parties des Matematiques, son exercice une pure production d'esprit; l'Instrument d'harmonie, un organe artificiel pour l'exprimer, & le toucher dudit Instrument une action necessaire à ladite expression; il n'y peut avoir rien de mecanique. Partant les Musiciens qui la professent, ne peuvent estre d'aucun mestier.

Remarquez que par ce terme de Musiciens, il faut toujours entendre les Compositeurs de Musique qui se servent d'Instru-

A

mens d'harmonie pour l'exprimer : & que les Instrumens d'harmonie sont ceux qui contiennent toutes les parties ensemble, & non pas les Violons, dont chacun n'en peut faire qu'une à la fois.

La seconde, est la liberté, dont on peut dire que les Musiciens jouïssent depuis le commencement du monde, puisque l'Ecriture nous apprend (*en la Genese chap.* 4.) que Tubal, fils de Lamec, inventa la Harpe & les Orgues : & que depuis la Musique a toujours esté libre, non seulement en France (sous le bon plaisir des Rois qui l'ont favorisée) mais encore en tous les endroits de l'Univers où cette science a esté connuë & pratiquée.

La troisiéme, que l'exercice de la Musique est une profession honorable que tous Particuliers, de quelque qualité & condition qu'ils puissent estre, peuvent exercer publiquement sans déroger. Or l'exercice des Menestriers ou Joueurs d'instrumens tant hauts que bas (qui ne sont que des differens violons) tout au contraire est un mestier vil & abjet, dont les fonctions pleines de bassesses ont donné lieu à cette maniere méprisante de traiter de plaisant Violon, pour injurier. Et partant ces deux Professions estant incompatibles, les Musiciens ne peuvent estre dependans de la Maîtrise des Violons.

La quatriéme, que les Jurez & Maîtres de cette Communauté n'ont droit que sur les Joueurs de Violons & de toutes ses Parties : & que le mot d'Instrumens, entre eux ne signifie que Violons.

Cecy est clairement prouvé par une Sentence de M. le Prevost de Paris du 2. May 1644. confirmée par Arrest du Parlement du 11. Juillet 1648. & par le 6. article des statuts & ordonnances du Roy, du mois d'Octobre 1658. renduë en faveur tant de Louis Constantin pour lors Roy des Menestriers, que de toute la Communauté ; contre tous les Joueurs d'Instrumens aux Cabarets. Premierement

Cette Sentence marque, que lesdits Roy des Menestriers & Maîtres de leur Communauté ne procedent contre les Joueurs d'Instrumens de cabarets, que pour les empescher d'y jouer du Violon sans estre Maître ; & qu'ils avoüent tous, & en cause, qu'il leur est permis, mesme ordonné, d'y jouer du Rebec. Ce qui prouve manifestement que ces Maîtres n'ont point droit sur tous les Instrumens. Car autrement le Rebec en faisant partie, ils auroient empesché lesdits joueurs de s'en servir (ainsi que d'aucuns autres) sans estre Maître; mais ne s'estant opposez qu'aux seuls Violons, c'est une preuve convaincante, que ces Maîtres Joueurs d'Instrumens n'ont eu droit que sur les Violons.

Il faut remarquer que le Rebec estoit l'ancien Violon, ainsi nommé : qu'il a des Dessus, Basses, & autres Parties; est accordé & se joüe de mesme que le Violon. La seule difference entre ces deux Instrumens est, que le Rebec est fait en forme d'un Batoir échancré par les quatre angles, n'ayant que trois cordes; & que le Violon est arondi, & augmenté d'une corde la plus basse, & moins utile. De sorte qu'on peut dire du Violon, qu'il n'est qu'un Rebec déguisé.

La consequence de ceci est, que si ces Maistres n'ont point eu de droit sur un Instrument si semblable au leur, ils n'en peuvent avoir, à plus forte raison, sur les Clavecins, & autres Instrumens destinez pour l'harmonie, ou pour les accompagnemens des voix, qui n'ont aucun rapport au Violon inventé seulement pour la Danse.

2. En la page 4 de ladite Sentence ligne 8. il est dit, Que ces Maîtres avoient obtenu une sentence contre ces Joueurs de cabarets le 27. Mars 1618. laquelle maintenoit le Roy des Menestriers en ces droits, & défendoit à tous joueurs d'Instrumens qui n'estoient pas Maistres, de jouer aux cabarets, chambres garnies & autres lieux, ny des Dessus, Basses ny autres Parties, ains seulement du Rebec, à peine de prison &c. (marque que ces Maîtres y pouvoient jouer,) & au cas de contravention, permis ausdits Roy & Maistres de faire saisir & casser lesdits Violons.

Il n'en faut pas davantage pour convaincre entierement, que ce mot d'Instrument ne signifie que Violon, puisque n'ayant auparavant parlé que d'Instrumens; de Dessus, Basses, & autres Parties; il est conclu que lesdits Violons seront cassez; & que ces Maistres ne sont que Joueurs de Violons, puis qu'ils ne procedent que pour empescher seulement de jouer du Violon sans estre de leur Communauté.

Nota, que cette Sentence est d'autant plus considerable, qu'étant confirmée par Arrest de Parlement, elle doit passer & avoir force de chose jugée, & estre consideree comme Ordonnance, & Declaration.

Il y a encore une Sentence de Police servant de Reglement,

renduë le 29. Avril 1689. contre Dumanoir, Roy des Violons (succeſſif à Conſtantin,) & les Maiſtres de Confrerie en charge de la Communauté deſdits Violons, qui prétendoient par l'ambiguité de leurs titres de Joueurs d'Inſtrumens tant hauts que bas, eſtre en droit de contraindre les Joueurs de Hautbois de Paris de ſe faire recevoir Maiſtres (comme ils prétendent aujourd'huy faire aux Muſiciens ſur le meſme fondement:) laquelle condamne par corps les ſuſdits à rendre des Hautbois ſaiſis, & maintient leſdits Joueurs de Hautbois dans leur liberté de jouer où bon leur ſemblera.

Cette Sentence (dont les Parties n'ont point appellé) peut ſeule ſuffire pour decider la conteſtation d'aujourd'huy : d'autant qu'elle fait connoiſtre, que tous les Inſtrumens ne ſont point compris dans l'ambiguité de ce titre de Tant hauts que bas, puiſqu'elle en diſtingue le Hautbois, qui par la conformité de ſon nom, pourroit y eſtre confondu plutoſt qu'aucun autre Inſtrument.

La cinquiéme Raiſon eſt, que le Parlement ayant nommé par deux Arreſts, l'un du 5. Septembre 1684. en confirmation d'un autre du 21. Juillet precedent rendu en conſequence, les Sieurs le Begue & Nivers, Compoſiteurs de Muſique, & Organiſtes de la Chapelle du Roy (tous deux intervenans en la cauſe preſente) pour eſtre Arbitres d'une conteſtation de Muſique touchant l'étenduë du Rebec & du Violon, qui eſtoit pour lors entre toute la Communauté des Maiſtres Joueurs de Violons de Paris, d'une part; & tous les Joueurs de Rebecs, de l'autre; c'eſt une preuve manifeſte & convaincante, que la Cour a reconnu non ſeulement que les Muſiciens n'eſtoient pas du corps des Maiſtres Violons, mais encore qu'ils eſtoient d'une profeſſion ſuperieure à eux : car ſi les Muſiciens avoient eſté de la Communauté des Violons, la Cour ne les auroit pas nommez, attendu que les Joueurs de Rebec auroient eſté en droit de les recuſer comme parties intereſſées : ou ſi ils n'avoient eſté qu'égaux auſdits Violons, il n'y auroit point eu de raiſon de ſoumettre toute une Communauté à l'opinion de deux ſeuls Particuliers.

D'où l'on peut juger de l'égarement de ces quatre nouveaux Jurez Violons, qui prétendent de leur chef s'établir juges & ſuperieurs ſur tous les Muſiciens (quoy qu'ignars de leurs moindres fonctions,) entre leſquels ſont ces deux Arbitres choiſis, dont la decifion, en fait de Mufique, a prévalu fur toute leur Communauté.

Mais pour achever de détruire, avec la derniere preuve, les injuftes & ridicules pretentions defdits Jurez Violons, fur tous les Muficiens; il ne faut qu'examiner les Statuts & Ordonnances que le Roy a donné à leur Maîtrife au mois d'Octobre 1658. que Sa Majefté a confirmez par fa derniere Declaration du 2. Novembre 1692. où l'on ne trouvera (depuis le premier jufqu'au dernier article) que des Reglemens pour des Joüeurs de Violons.

En premier lieu, il eft dit à la feconde page, ligne 2. des Lettres Patentes de Sa Majefté, données au mois d'Octobre 1658. aux Violons, confirmatives de leurs Statuts, que ces Maîtres ont fait & deliberé entr'eux lefdits Statuts, prefenté au Châtelet & enfuite au Roy, pour en avoir la confirmation. Or il eft conftant que pas un Muficien n'ayant efté appellé à cette délibération pour propofer fes difficultez touchant les particularitez des Inftrumens d'harmonie, afin d'en faire quelques articles particuliers pour leur fervir de Reglemens, comme il auroit efté de raifon, c'eft une preuve évidente, que les Muficiens n'y ont deu eftre compris, & qu'ils n'y avoient aucune part.

Secondement, le Titre que ces Meneftriers ont pris de Violons, Maîtres à danfer, & Joüeurs d'inftrumens tant haut que bas, fur quoy les Jurez Violons établiffent leur droit fur tous les Inftrumens, de quelque fens qu'il foit pris, ne peut fe raporter aux Inftrumens d'harmonie.

Mais avant que de prouver cette verité, il eft neceffaire d'expliquer qu'il y a deux claffes en cette Maîtrife; dont la premiere & principale, eft celle des anciens Maîtres de fales, qui ne jouent du Violon (qui s'entend feul pour le Deffus de cet Inftrument) que pour montrer à danfer à leurs Ecoliers, tenant au deffous d'eux de jouer en bande és lieux publics. Et ce font eux qui font compris par le titre de, Violons Maîtres à danfer, qui fignifie, Joüeur de Violons pour montrer à danfer.

La feconde Claffe eft, celle des Joueurs de Hautecontres, Tailles, Quintes, & Baffes; qui font tous Inftrumens differens en grandeurs, accordez de differente élevation de Sons, & qui ne peuvent fervir pour montrer à danfer. D'autant qu'ils ne jouent que des Parties qui chantent fi differemment du Deffus, qu'il feroit impoffible à un Ecolier d'y pouvoir rien entendre; la plû part desquels Joueurs de Parties n'ont aucune connoissance de la Danse, leurs fonctions n'estant que de jouer en bandes avec des Dessus de leur Cadrille és lieux publics ; lesquelles (quoy que necessaires) sont si peu estimées, que les Joueurs de Dessus les nomment en dérision, Parties honteuses. Et c'est pour comprendre cesdits Joueurs de Parties de différente élevation, qu'ils ont ajouté à leurs titres, Et Joueurs d'Instrumens tant hauts que bas.

Il est encore necessaire de dire, que ces Maistres ont toûjours pratiqué des Instrumens de si peu de consequence, qu'ils ont eu raison de ne les point particulariser.

En 1330. au commencement de la fondation de Saint Julien aux Menestriers, ils ne jouoient que des Vielles.

Leur titre estoit : Compagnons Jongleurs Menestreux, ou Menestriers, & personnellement, au lieu de dire, un Vielleux, on disoit, un Menestrel.

Dans les antiquitez de Paris, imprimées à Paris en 1640. par Pierre Rocolet, au chapitre de la fondation de l'Hôpital Saint Julien aux Menestriers, folio 571. il est dit, qu'en 1331. il se fit une assemblée audit Hôpital de Jongleurs & Menestriers, lesquels d'un commun accord consentirent tous à l'érection d'une Confrairie, sous les noms de Saint Julien & Saint Genest ; & en passerent Lettres qui furent scelées au Châtelet le 23. Novembre dudit an ; d'où est venu l'origine de cette Maîtrise, & ce qui est une preuve autentique, que leur titre estoit pour lors Jongleurs Menestriers.

Ces Jongleurs Menestriers estoient des gens ramassez, dont la cohuë nombreuse se nommoit la Menestrandrie, lesquels faisoient sauter des Singes dans des Cercles, des tours de Gibeciere & autres fonctions de Bâteleurs, pendant que de leurs Compagnons jouoient de la Vielle. Ce qui est d'autant plus vray-semblable, que plusieurs Traitez de la recherche des mots, comme Charles Estienne, Antoine Oudin, Richelet, Furtiere & autres, interpretent tous ce mot de Jongleur pour Charlatan, Bâteleur, Farceur & joüeur de Vielles ; & que par conformité à leur métier, ces Jongleurs & Menestriers avoient pris Saint Genest pour leur Patron, lequel de Bâteleur payen, se fit Chrétien en un instant, & fut martirisé à Rome, en plein Theatre l'an 303. en presence de l'Empereur Diocletien.

Au même folio des susdites Antiquitez, il est dit, que ces

Jongleurs Meneſtriers, en 1330. firent un Sceau de Laton rond, pour ſceler les quittances de ceux qui feroient des legs ou aumônes audit Hoſpital, au milieu duquel eſtoit noſtre Seigneur dans une nef, en guiſe de ladre: Saint Julien à l'un des bouts, tenant deux Avirons, & à l'autre bout ſa femme, tenant un Aviron d'une main, de l'autre une Lanterne. Au deſſus de l'épaule dextre de notre Seigneur, y avoit une Fleur de Lys. Auprés Saint Julien eſtoit Saint Geneſt tout droit, tenant une Vielle comme s'il vielloit, & eſtoit entre deux hommes agenouillez; autour duquel eſtoit écrit, C'eſt le Sceau de ſaint Julien & de ſaint Geneſt, lequel a eſté verifié au Châtelet & à la Cour de l'Official. Ce qui peut ſervir de preuve autentique, que la Vielle eſtoit pour lors leur Inſtrument peculier. D'autant plus, que depuis l'invention du Violon (iſſu du Rebec, comme le Rebec de la Vielle) ces Maîtres ayant abjuré l'un & l'autre, pour s'y adonner, le ſuſdit Sceau mis au neant, ils ont accommodé ſaint Geneſt à leur état preſent, & l'ont mis au Portail dudit Hopital, tenant un Violon, comme on l'y voit aujourd'huy; toutefois avec une Robe de vielleux, qui laiſſera toûjours quelqu'indice de leur premier métier.

Mais leſdits Meneſtriers ayant admis le Violon aux Bâteleurs, Cabarets & lieux infames, de même que jadis les Vielles & Rebecs; il eſt devenu ſi commun & ſi peu eſtimé, que les Maîtres modernes, pour le dépriſer, ont continué l'uſage du mot d'Inſtrument dont les anciens Meneſtriers ſe ſervoient, pour ne point nommer leur Vielle: auquel le public s'eſt ſi bien fait, qu'il ſuffit de dire un Maître Joüeur d'Inſtrument, pour entendre que c'eſt un Joüeur de Violon.

Cecy peut encore faire connoître, que ces Jurez Meneſtriers modernes, ont attendu un peu trop tard, depuis 363. ans que leur Confrerie de Jongleurs, eſt établie, pour en mettre tous les Muſiciens; leſquels, quoyque bons Catholiques, n'y ont jamais eu aucune devotion.

Pour venir maintenant aux preuves contre ce titre d'Inſtrumens, tant haut que bas; premierement

A conſiderer le terme d'Inſtrument dans ſon étenduë, parce qu'il renferme preſque toutes les choſes du monde, il ne peut rien déterminer de poſitif, ſur quoy on puiſſe prendre aucun droit. Partant, ce n'eſt point à ces Jurez à l'adapter à ce qu'ils veulent s'approprier, pour en autorifer l'ufurpation.

2. Ces qualitez de Joueurs d'Inftrumens, tant hauts que bas, reftraignent lefdits Jurez à des Inftrumens imparfaits, bornez chacun en particulier dans une feule étenduë, ou du Deffus, ou de la Baffe, ou de quelqu'une des autres Parties; & il faut abfolument que celuy qui contient une defdites étenduës foit privé de l'autre, pour eftre compris dans ce titre, & pour eftre de leur dépendance. C'eft à dire, que le Deffus n'ait point de Baffe, la Baffe point de Deffus; & les autres Parties n'ayent ny Deffus ny Baffes. Ce qui ne pourroit jamais s'adapter aux Inftrumens parfaits d'harmonie; & particulierement au Clavecin; lequel contenant en foy toute l'étenduë des fons, neceffaire pour exprimer ou chanter toutes les Parties enfemble, & faire feul une mufique parfaite; il ne pourroit avoir de rang entre les Inftrumens hauts ny les bas: d'autant qu'il ne pourroit eftre confideré par une feule portion de fon étenduë, au préjudice du tout qui compofe fon efpece. Ainfi, par ces raifons fans replique, le Clavecin, ny les autres Inftrumens d'harmonie, ne peuvent eftre compris dans ce Titre qui ne renferme que des Inftrumens hauts ou bas exclufivement.

3. Ce terme d'Inftrumens tant hauts que bas; le De apoftrofé, devant le mot d'Inftrumens en plurier, ne marque qu'un univerfel, qui comprend plufieurs Inftrumens d'une même efpece, qui ne different entr'eux que par ces qualitez de haut ou de bas; & non un general qui puiffe envelopper tous les Inftrumens, qui par leur difference effentielle, ne pourroient non plus eftre confondus fous un même genre (notamment le Clavecin) que l'homme avec les bêtes, fous celuy d'animal. Partant, ce Titre les renferme, non feulement à des Inftrumens hauts ou bas exclufivement, mais encore en une feule efpece, differans entr'eux feulement par cefdites qualitez. Ce qui les exclud entierement du total des Inftrumens.

4. Le terme d'Inftrumens tant hauts que bas, n'a jamais efté ufité que par ces Maîtres Joüeurs de Violons: & jamais Muficiens, ny Auteurs anciens, ny modernes, n'ont conçû aucuns Inftrumens par ces définitions ridicules: ny même les Ouvriers qui les font.

Le Pere Marin Merfene, Minime, Auteur ancien, & le feul que nous ayons qui ait traité à fond, des Inftrumens en general qui expriment les sons, dans son Livre, imprimé à Paris en 1636. divise tous les Instrumens en trois genres, sçavoir Instrumens à cordes, à vent, & de percussion. Il subdivise les Instrumens à cordes en deux autres genres, sçavoir Instrumens simples, & Instrumens d'harmonie. Sous le genre d'Instrumens simples, sont compris ceux qui ne peuvent exprimer qu'un son à la fois, & jouer une seule Partie, comme le Violon, & ses Parties: ce qui a donné lieu aux Maîtres Violons, qui ne les ont consideré que mecaniquement (ou peut-estre à la lettre, par leurs noms de Dessus, Haute-contres, Tailles, Quintes, & Basses) de les nommer tant hauts que bas. Mais ledit Mersene qui en parle en Musicien, dit, Le Violon, & toutes ses Parties. Ce qui marque que le Violon ne comprend que le Dessus; & les Parties les autres Instrumens dépendans de son espece. Mais il ne dit point Le Violon, & les Instrumens tant hauts que bas: preuve manifeste que ce terme luy a esté inconnu de mesme qu'aux autres Musiciens.

Sous le genre d'Instrumens d'harmonie, sont compris tous ceux, chacun desquels peut seul exprimer plusieurs sons à la fois, & sur chacun desquels on peut toucher toutes les Parties ensemble; comme le Clavecin, le Luth, le Thuorbe; sans parler aucunement dans tout son Traité, d'Instrumens tant hauts que bas.

De plus, le mot de jouer, n'est point un terme de Clavecin. Par la raison que l'action d'en tirer l'harmonie se fait en posant les doigts sur les Touches, on dit Toucher. Et dans les anciennes Versions Françoises de l'Ecriture sainte, au chapitre 4. de la Genese, il est dit, que Jubal fut pere de tous ceux qui touchent la Harpe, & les Orgues. Ce qui prouve encore que le terme de Joueurs d'Instrumens, ne convient en aucune maniere aux Musiciens. D'où il faut conclure, que ce terme n'estant authorisé que des Menestriers anciens & modernes, les Jurez Violons ne s'en peuvent prévaloir pour prétendre aucun droit sur les Musiciens. Et ce n'est point ausdits Jurez qui ne jouent que des Violons destinez à la danse, à decider des Instrumens d'harmonie. C'est aux Musiciens qui les ont inventez pour (au supplément de la nature) servir à l'homme d'Organe artificiel, pour exprimer la Musique dans toute sa perfection. Ainsi par ces raisons de fait, ces Jurez qui ne sont authorisez que d'une avidité mercenaire de

B

s'enrichir, ne peuvent estre receus, au prejudice de tous les Musiciens anciens & modernes, à donner des noms & qualitez aux Instrumens d'harmonie qu'ils ne connoissent point, pour les conformer à leur Titre, qui n'a autre fondement que le caprice de ceux qui l'ont choisi.

Si cette maniere ridicule de se faire droit avoit lieu, tous les Mestiers trouveroient assez (dans l'ambiguité de leurs Titres) de quoy se forger des pretentions chimeriques les uns sur les autres. Les Cordoniers pretendroient sur tous ceux qui employent le cuir, & mesme sur les faiseurs de Cordons de chapeaux, qui prennent mesme Titre; & ainsi des autres : ce qui causeroit un perpetuel desordre. C'est pourquoy sans s'arrester à l'ambiguité des Titres, qui par leur confusion ne doivent rien decider, après avoir suffisamment prouvé que celuy des Maistres Violons ne peut s'étendre sur les Musiciens, il faut examiner leurs Statuts, qui feront connoistre à tout le monde, que leur maîtrise ne doit estre composée que de Maistres à Danser, & Joueurs de Violons.

Le premier Article qui ordonne de faire quatre années d'apprentissage pour estre admis à la Maîtrise, &c. prouve sans replique, que les Musiciens qui n'ont jamais fait aucun apprentissage chez les Maistres de ladite Communauté, ne peuvent estre receus à cette Maîtrise. Et de plus il ne pourroit convenir ausdits Musiciens, dont la vie à peine peut suffir pour parvenir à cette science. Et le Roy, qui a honoré la Musique & les Instrumens d'harmonie de ses applications (en connoissant parfaitement les difficultez) bien loin d'avoir fixé un pareil temps d'apprentissage, auroit regardé comme des gens sans raison, les Maîtres qui luy auroient presenté un tel Article pour en avoir la confirmation; attendu que ces trois ou quatre années ne suffiroient pas à un Musicien pour connoistre seulement le Clavier d'un Clavecin, ou pour parvenir à tirer nettement le son d'un Luth. Et ce seroit offenser la parfaite connoissance que sa Majesté a de la Musique, que d'adapter aux Musiciens un Reglement (fait par Elle) qui ne leur peut convenir. Ainsi ce premier Article ne peut estre pour eux.

Le deuxiéme Article, qui ordonne que les Maistres presenteront leurs apprentifs au Roy des Violons, pour estre enregistrez tant sur son Registre que sur celuy de la Communauté &c. est aussi impropre à la Musique que le premier. D'autant que, enregistrer un Musicien à un Violon, ce seroit obliger la maîtresse à la servante, enroller le Capitaine au simple soldat, ou assujettir le tout à sa moindre partie. Ainsi sa Majesté, qui veut toutes les choses à leur place (veu un tel renversement) n'auroit jamais donné un pareil Reglement pour des Musiciens. Partant cet Article suit l'autre, & ne peut s'adapter à eux.

De plus, il est à présumer que sa Majesté, qui a toujours rendu justice au merite, n'auroit pas mis la Couronne Instrumentale sur la teste de Dumanoir Joueur de Violon, au préjudice des sieurs de Chamboniere, Richard, Gautier, Hautement, Lecamus, & grand nombre d'autres sçavans Musiciens, qui excelloient pour lors aux divers Instrumens d'harmonie; si tous les Instrumens avoient dû estre confondus en cette maîtrise: & qu'Elle en auroit gratifié quelqu'un d'entr'eux, au moins alternativement aux Violons. Mais Dumanoir Violon, Constantin son predecesseur aussi Violon, & tous les autres Rois Violons, Menestriers & Jongleurs, leurs ancestres, font connoître que cette Monarchie burlesque ne s'est jamais étenduë que sur des Violons ou Jongleurs Menestriers, & non sur les Musiciens.

Le troisiéme Article, qui défend aux Maistres de montrer le jeu des Instrumens à autres qu'à ceux qui seront obligez & actuellement demeurans chez eux en qualité d'apprentifs, à peine de cinquante livres d'amende, &c. décide entierement le fait en question, & est formellement contraire aux ridicules prétentions des Jurez Violons, sur les musiciens.

Premierement, ces Joueurs d'Instrumens tant hauts que bas, ne pouvant montrer que pour faire des maîtres Joueurs, c'est une marque qu'ils ne sont établis que pour jouer personnellement. Ce qui ne peut convenir aux musiciens, qui ne pratiquent les Instrumens d'harmonie que pour enseigner la musique instrumentale aux particuliers qui s'y veulent adonner pour leur propre satisfaction, ne servant jamais aux bals, nopces, festins, cabarets, & lieux infames, ainsi que les Violons, ayant en horreur ces sortes de bassesses.

2. Cette défense marque qu'ils ne doivent jouer que des Instrumens qui leur sont particuliers, puis qu'ils ne les peuvent montrer qu'entr'eux. Ce qui les exclut entierement des Instrumens d'harmonie, qui ont toujours esté libres à tout le monde,

& les renferme seulement aux differens Violons, qui n'ont esté usitez que par les Maistres de cette Communauté, ausquels seuls il a esté permis d'en jouer publiquement, & en tous lieux.

3. Cet Article prouve la nullité de la procedure desdits Jurez, & détruit entierement leur prétendu droit ; d'autant qu'ils ne peuvent contraindre les Musiciens d'estre de leur Communauté, pour recevoir d'eux pleine & entiere liberté d'enseigner la Musique instrumentale à tout le monde (comme ils ont prétendu faire par leurs assignations) eux ausquels cet Article le défend positivement, & qui ne peuvent recevoir aucuns maîtres sans l'obliger par serment, en observation du present Article, de ne montrer le jeu des Instrumens qu'aux Apprentifs obligez. Ainsi ces Jurez ne pouvant permettre ce que le Roy leur défend par cet Article, & n'estant point en droit de défendre ce qui leur est défendu à eux-mesmes, ils ont excedé leur pouvoir, & violé cet article des Ordonnances du Roy. Partant leur procedure ne peut estre que nulle & mal fondée.

Enfin, ce troisiéme Article prouve la nullité de la Sentence de Police du 16. Juin 1693. qui paroist contradictoire, quoy qu'elle ait esté renduë sans écouter les Parties, comme toute l'Audiance a veu & entendu, laquelle luy est formellement opposée par plusieurs raisons de fait. Premierement,

Ladite Sentence défend de montrer à jouer du Clavecin. Il est constant qu'il n'est parlé de Clavecin dans les Statuts, Ordonnances, Reglemens & Declarations du Roy, en aucune maniere. Les Declarations & Reglemens ne sont point des matieres de confusion : ce sont des explications claires & nettes des volontez du Roy ; & sa Majesté qui connoist parfaitement le Clavecin, l'ayant honoré de ses applications, l'auroit nommé particulierement esdites Declarations, comme le premier des instrumens d'harmonie, s'il avoit dû y estre compris ; de mesme qu'Elle a fait le Hautbois, qui n'est qu'un instrument simple. Ce que n'ayant point fait, c'est une preuve qu'il n'y doit point estre ; & ce n'est point à la Police de le particulariser, & l'ajouter de son chef contre les intentions du Roy.

Secondement, cette Sentence défendant à tous particuliers d'enseigner à jouer du Clavecin sans estre receus Maîtres à danser, sur peine d'amende, donne une permission sous-entenduë à tous Maîtres qui se feront recevoir, de montrer en toute liberté indifferemment à tout le monde. Ce qui est formellement contraire à ce troisiéme Article : lequel, en reduisant les Maîtres à ne montrer qu'aux Apprentifs obligez, leur fait une défense positive de ne point montrer à tout le monde; & donne une permission sous entenduë à ceux qui ne sont point de cette Maîtrise, d'enseigner aux particuliers. Ce qui fait connoître, qu'il appartient à d'autres qu'à ces Maîtres, d'enseigner la Musique instrumentale à tout le monde; d'autant plus, que sa Majesté, bien loin d'en vouloir priver le public, a choisi des Musiciens pour l'enseigner aux Princesses du Sang Royal, sur les divers Instrumens d'harmonie, depuis cette défense; & n'a pas pris des Maîtres de cette Communauté, ausquels Elle a défendu de montrer. Ainsi cette Sentence permettant aux Maîtres de montrer sans restriction, permet ce que le Roy défend; & défendant aux particuliers de montrer sans estre Maître, défend ce que le Roy permet : Ou autrement, cette Sentence défendant aux particuliers de montrer sans estre Maître, sur peine d'amende : Et l'Ordonnance du Roy defendant pareillement ausdits Maîtres de montrer sur peine d'amende, cette contradiction formelle prouve manifestement, que ladite Sentence doit estre nulle & sans execution, comme totalement contraire à ce troisiéme Article de l'Ordonnance du Roy.

De plus, cette Sentence, en contraignant les Musiciens de se faire recevoir Maîtres, pour pouvoir montrer ; & ce troisiéme Article restraignant lesdits Maîtres, par un commandement précis, de ne montrer qu'aux Apprentifs obligez, sur peine de cinquante livres d'amende ; la seule & unique fonction des Musiciens n'estant que de faire de la musique pour en enseigner l'expression sur les Instrumens d'harmonie, aux particuliers, qui ne l'apprennent que pour leur satisfaction ; cette Sentence les obligeroit d'estre d'une Maîtrise, en laquelle ils ne pourroient avoir aucunes fonctions, sans desobeïr aux Ordonnances du Roy, & estre exposez à payer des amendes continuellement ; ce qui estant contre toute raison & justice, ladite Sentence ne peut valider.

La suite de ce troisiéme Article, qui ordonne aux Apprentifs aprés leur temps fait, de faire experience devant le Roy des Violons, & quelques anciens Maîtres &c. ne convient pas mieux aux Musiciens que le reste : D'autant, que de se figurer un Musicien qui auroit passé une partie de sa vie, tant pour acquerir la science de la Musique, que la propreté du toucher d'un Clavecin ou d'un Luth pour l'exprimer, faire preuve devant ces quatre Jurez Violons, qui ne sçavent pas seulement les premiers elemens de la Musique, & ne connoissent pas l'accord d'un Clavecin, ou d'un Luth ; c'est la veritable idée d'un Philosophe, qui seroit obligé de subir l'examen des Maîtres d'Ecole aux petits enfans. D'où l'on peut juger, quelle experience pourroient faire des Musiciens, qui ne sçavent ny danser, ny jouer du Violon, devant des Jurez totalement ignars tant des particularitez de la Musique, que des Instrumens d'harmonie ; & combien ces Jurez extravaguent, de pretendre contre leurs Statuts & le droit mesme, obliger des Musiciens (qui n'ont jamais fait aucun apprentissage chez leurs Maîtres, & qui protestent & font mesme profession de ne sçavoir rien de leur métier) de se faire recevoir de leur maîtrise, malgré la raison.

Le sixiéme Article qui regle que les Violons de la Chambre du Roy seront receus en consequence de leurs Brevets de retenuë &c. s'explique assez clairement pour ne laisser aucun doute, que le Roy n'a donné les presens Statuts qu'à des Violons. Et la suite dudit Article, qui défend de tenir Ecole, montrer en particulier la danse ny les jeux des Instrumens hauts & bas, s'attrouper pour donner serenade, ou jouer desdits Instrumens en aucunes nopces ou assemblées publiques ou particulieres, sans estre Maître &c. ne s'explique pas moins pour les Maîtres Violons. Personne n'ignore, qu'il n'y a qu'eux qui tiennent Ecole de danse, qui montrent en particulier à leurs Apprentifs la danse & le jeu des Instrumens tant hauts que bas, & qui jouent desdits Instrumens aux nopces & assemblées publiques. Et comme l'usage manifeste à tout le monde, que ces Maîtres ne jouent aux nopces, assemblées & lieux publics, que des differens Violons, lesdits Instrumens, dont il est fait deffense de jouer esdits lieux, se rapportant aux Instrumens tant hauts que bas (nommez peu auparavant dans la mesme periode) il n'est pas besoin de grande Rhetorique pour persuader que ces Instrumens tant hauts que bas, ne sont que des differens Violons, puis qu'il n'y a que des Violons qui servent à de pareilles fonctions, les Instrumens d'harmonie n'estant propres ny à la danse, ny à la débauche.

Le neuviéme Article qui exclud de la Maîtrise les Apprentifs qui auront joué aux cabarets & lieux infames &c. ne peut servir qu'à manifester la desobeïssance des Jurez Violons d'aujourd'huy. D'autant que bien loin d'observer ce commandement du Roy, ils ont forcé (par leur avarice) de pauvres Joueurs de Violons de cabarets, qui jouent encore tous les jours aux Basteleurs & en tous lieux, de se faire recevoir Maistres de leur Communauté, pour en tirer de l'argent. Ce qui est formellement contre cet Article.

Le dixiéme Article qui défend à ces Maistres de se louer à plusieurs personnes à la fois &c. ne peut aussi convenir aux Musiciens : attendu qu'il n'y a jamais eu que les Chambrieres & les Menestriers qui se soient louez à plusieurs personnes en mesme temps, pour se donner aprés au plus offrant. Et comme ordinairement les Reglemens ne sont donnez qu'en reformation des abus, cet Article ne peut estre qu'à la honte de ces Jurez.

Le douziéme Article qui ordonne aux Maistres de cette Communauté de payer trente sols par chacun an, pour les droits de la Confrairie saint Julien &c. prouve que les Musiciens n'ont dû estre de cette Maistrise : Car autrement lesdits Maistres les auroient obligez (en execution du present Article) de payer lesdits droits, pour n'en pas frustrer l'Eglise : Ce qu'ils n'ont jamais fait.

Le quatorziéme Article qui ordonne aux fils de Maistres de payer 20. livres au Roy des Violons, & aux Maistres de Confrerie 5. liv. Et le quinziéme Article, qui ordonne aux Apprentifs de payer audit Roy soixante livres, & aux Maistres de Confrairie dix livres &c. prouvent manifestement, qu'il faut que les Jurez Violons d'aujourd'huy, soient dépourveus de raison, & totalement privez de bon sens pour croire, que si les Musiciens avoient esté compris dans les presens Statuts & Ordonnances, Dumanoir Roy des Violons, & les Maistres de Confrairie en charge (obligez par serment de maintenir les Statuts & droits de la Maistrise) leur eussent laissé la commission d'assujettir lesdits Musiciens à ladite Maistrise; veu le grand profit qui seroit revenu, tant audit Dumanoir qu'ausdits Maistres, des droits à eux annexez par ces Articles; lesquels sur le total des Musiciens, leur auroient produit un revenu tres considerable; d'autant plus, que ledit Dumanoir (pour son propre interest) y auroit esté obligé, en observation du dernier Article suivant des presens Statuts, qui luy ordonne, non seulement de les faire executer à Paris, mais encore dans toutes les Villes du Royaume. Ainsi, tant l'obeïssance duë au Roy, que le propre interest, n'ayant point obligé lesdits Dumanoir & Maîtres à poursuivre les Musiciens, c'est une preuve convainquante que lesdits Maîtres n'ont point eu de droit sur eux.

Le dix-huit & dernier Article, qui ordonne au Roy des Violons d'envoyer des Lieutenans en chaque Ville pour faire observer les presens Statuts & Ordonnances, & recevoir les Maîstres &c. acheve de confirmer, que les Musiciens ne peuvent estre de cette Maistrise; d'autant que cet Article oblige ledit Roy à l'observation desdits Statuts & Ordonnances, le renferme sans extension, & seulement dans leur contenu. Partant les Musiciens, ny les Instrumens d'harmonie, n'y estant compris en aucune maniere, il est indubitable qu'ils ne peuvent estre sujets à cette maistrise: & qu'il faut que ces Jurez délirent, de s'imaginer aujourd'huy (depuis le 23. Novembre 1331. que leur Confrerie de Jongleurs Menestriers est établie) d'y prétendre chimeriquement fourrer les Musiciens, qui estant d'une profession entierement différente, renoncent à tout ce qui dépend de leur Menestrandise, & à tout ce qui s'appelle Violon, ou Instrumens tant hauts que bas.

Les Articles cy-dessus obmis ne regardent point la contestation presente.

La Lettre d'enregistrement au Chastelet, qui suit, dattée du 13. Janvier 1659. ordonnant que les Maistres à danser seront receus devant le Procureur du Roy, sur les certificats du Roy des Violons, & presentez par les Maistres de la Chapelle saint Julien des Menestriers &c. acheve de prouver, que cette maistrise n'est composée que de Maistres à danser, & que ladite qualité (comme principale) entraîne avec soy celle de Joüeurs de Violons, qui luy est inseparable; d'autant qu'on ne montre point l'un, sans jouer de l'autre.

Enfin, l'Extrait des Registres de Parlement, qui suit, décide entierement du fait, d'autant que la Cour ayant ordonné par Arrest du 26. Juin 1659. (comme il paroist par ledit Extrait) qu'avant proceder à l'enregistrement desdites Lettres, que douze anciens Maistres Violons de cette Ville, autres que ceux de la grande Bande, & six Maistres Violons de ladite grande Bande, seroient oüis pardevant le Conseiller Rapporteur dudit Arrest, pour donner leur avis sur le contenu esdites Lettres & Statuts,

pour

pour en eſtre ordonné ce que de raiſon. C'eſt une preuve inconteſtable, que le Parlement a reconnu les Maiſtres Joueurs de Violons eſtre les ſeuls intereſſez és preſentes Lettres & Statuts. Car ſi les Muſiciens y avoient eſté compris, la Cour les auroit appellez pour oüir leurs avis, & leur faire droit ſur leurs difficultez ainſi que de raiſon : Ce que n'ayant point fait, il n'en faut pas davantage pour prouver ſans replique, que la Cour a decidé pour lors la conteſtation d'aujourd'huy, en reconnoiſſant (qu'en fait d'Inſtrumens) ces Lettres & Statuts n'ont dû comprendre que des Maiſtres Joueurs de Violons de toutes les Bandes. Et par l'enregiſtrement de la ſuſdite Lettre du Chaſtelet, qui ne parle que des Maiſtres à danſer, que toute cette Communauté ne doit eſtre compoſée que de Maiſtres à danſer, & Joueurs de Violons. Ce qui verifie encore l'explication qui a eſté donnée à leur titre de Violons Maiſtres à danſer, pour les ſeuls Maiſtres de danſes, & Joueurs d'Inſtrumens tant hauts que bas, pour ces Joueurs de differens Violons de grande & petite Bandes.

Aprés avoir manifeſtement prouvé par la dignité de la Muſique, la nobleſſe de ſon exercice, par Sentences du Chaſtelet confirmées par Arreſts du Parlement, & par les Statuts, Ordonnances & Reglemens du Roy, que les Muſiciens n'ont jamais eſté confondus avec les Jongleurs Meneſtriers, ou Joueurs de Violons, ny dépendans de leur maîtriſe; il eſt aiſé de faire connoître par la derniere Declaration du Roy du 2. Novembre 1692. par laquelle ils n'y ſont point innovez; qu'ils n'en doivent point eſtre; & que les Jurez perpetuels Joueurs de Violons, ſont des concuſſionnaires, de donner des extenſions & des explications à leur fantaiſie à ladite Declaration, qui n'y peuvent eſtre entenduës ſelon la droite raiſon; pour prendre par là occaſion de troubler tous les Muſiciens du Royaume, en les conſommant en frais de procez intentez mal à propos.

Premierement, le ſeul titre de Declaration du Roy, portant Reglement pour les fonctions des Jurez Syndics en titre d'office de la Communauté des Maiſtres à danſer, & Joueurs d'Inſtrumens tant hauts que bas, & Hautbois de la Ville & Fauxbourgs de Paris, & des droits attribuez à leurs Charges; avec confirmation des Statuts de ladite Communauté, condamne les Jurez ſur l'étiquet du ſac, en faiſant connoître que cette Declaration du Roy ne les établiſſant que ſur l'ancienne Communauté des

C

Maiſtres à danſer & Joueurs d'Inſtrumens tant hauts que bas, qui ne ſont que Violons (conformément à leurs Statuts confirmez) à laquelle n'eſtant adjouté que le Hautbois, ils ne peuvent prétendre aucun droit ſur les Muſiciens qui n'en ont jamais eſté, comme il a eſté prouvé; & comme il eſt évident, tant par la difference eſſentielle de leur profeſſion, que par leur indépendance: & par conſequent toutes les violences que ces Jurez leur font aujourd huy, ſont autant de contraventions à ladite Declaration, pour s'uſurper des droits qui ne leur eſtant point annexez par icelle, ſont formellement exigez contre la volonté du Roy, & partant de veritables concuſſions.

2. Cette adjonction du Hautbois, qui n'eſtoit point de leur maiſtriſe avant la preſente Declaration, comme il paroiſt tant par leurs Statuts, que par le Reglement de Police du 29. Avril 1689. cy-devant mentionné, eſt une preuve inconteſtable que leur titre ambigu de Tant hauts que bas, ne comprend pas tous les Inſtrumens; puiſque le Roy voulant innover à leur maiſtriſe, ledit Hautbois ſeul en fait d'Inſtrumens, le particulariſe & nomme ſpecifiquement.

3. Le Roy expliquant nettement au commencement de ladite Declaration, Qu'il a donné des Jurez perpetuels aux Arts & Métiers où il y avoit Jurande & Maiſtriſe, au lieu & place des Jurez électifs qu'ils avoient cy-devant, pour jouyr des meſmes honneurs, prerogatives, privileges & exemptions que leſdits precedens électifs &c. cet aveu de ſa Majeſté met à couvert les profeſſions de ſciences, qui n'ont ny Corps ny Jurande, renferme les Jurez perpetuels de chaque Corps, ſans aucune extenſion dans les ſeuls & meſmes droits des Jurez cy-devant électifs; & par conſequent, condamne formellement l'uſurpation que les Jurez Maiſtres à danſer & Joueurs de Violons prétendent ſur les Muſiciens: dont la profeſſion, qui eſt la ſcience des ſons, ou proportions harmoniques, faiſant partie des Mathematiques, & n'ayant jamais eſté confonduë avec aucun métier, ne peut dépendre du leur. La Danſe n'eſtant qu'un exercice du corps, excité par le ſon d'un violon, n'a aucun rapport à la compoſition de la muſique, qui eſt une production d'eſprit, exprimée par l'organe d'un Clavecin, à laquelle expreſſion les doigts ne ſervent que comme la langue à la parole, qui énonce les productions de l'entendement.

4. Il eſt dit au commencement de la quatriéme page de ladite

Declaration, que Thomas Duchesne Joueur de Violon, Jean Godefroy Maistre à danser, Vincent Pesant & Jean Aubert, aussi Joueurs de Violons & Maistres à danser, ont levé és Revenus casuels les quatre Offices de Jurez hereditaires de la Communauté des Maistres à danser & Joueurs d'Instrumens tant hauts que bas, & Hautbois de Paris, moyennant dix-huit mille livres qu'ils ont payées, dont les Lettres de provisions leur en ont esté delivrées les 25. & 31. May & 25. Juin 1691. &c. Tout cecy ne regarde les Musiciens en aucune maniere; & ces quatre Maistres à danser & Joueurs de Violons qui achetent les Jurandes perpetuelles de leur Communauté établie depuis long-temps, n'ayant que les mesmes droits des Jurez cy-devant électifs, ainsi qu'il a esté à plein declaré, n'en peuvent prétendre aucuns sur lesdits Musiciens, leurs predecesseurs n'en ayant point eu; & Vincent Pesant & Thomas Duchesne, qui estoient Maistres de Confrairie quand ils ont esté pourveus de leurs Charges hereditaires, ne se peuvent laver de leurs concussions; d'autant qu'en ladite qualité ayant eu le maniment de toutes les affaires de ladite Communauté, ils n'ont pû ignorer, que les Musiciens n'y estoient point compris, n'ayant jamais receu d'eux aucuns droits de visite ny de Confrerie, & ne les ayant jamais veu posseder aucunes Charges, ny appellez en aucunes fonctions, assemblées, receptions de Maistres, ny generalement chose quelconque concernant ladite Maîtrise. Et quoy que leurs Charges de Jurez ou Maistres de Confrairie électifs, les eût engagez par serment, tant à l'observation de leurs Statuts, qu'à maintenir les droits de ladite Communauté, ils n'ont jamais eu seulement la pensée pour leur titre ambigu de Joueurs d'Instrumens tant hauts que bas, d'intenter aucune poursuite contre pas un Musicien; & mesme depuis le 25. Juin 1691. qu'ils ont esté pourveus de leurs Charges hereditaires, jusqu'au 2. Novembre 1692. que la presente Declaration a esté donnée (qui font plus de seize mois) ils n'ont procedé en leurs noms & qualitez, que contre des Danseurs & Joueurs de Violons & Hautbois, comme il paroist par une Sentence de Police du 18. Juillet 1692. renduë contre plusieurs Maistres à danser, lesquels ayant continué leur resistance, ont donné lieu à la presente Declaration, qui n'a esté donnée que pour les regler. Ainsi, ayant connu par eux-mesmes, qu'ils n'ont point eu de droits sur les Musiciens, ils n'en peuvent avoir aujourd'huy; puisque n'ayant changé que leur élection en perpetuité, ils ne sont qu'au lieu & place d'eux-mesmes.

5. Il est dit en la susdite quatriéme page, que les Maistres à danser pretendant n'estre point sujets à cette Jurande, Dumanoir Roy des Violons, & les treize Danseurs de l'Academie, s'étant opposez à l'établissement desdits Jurez, ils ont eu recours au Roy &c. Et en suite pour regler toutes ces difficultez, en la page cinquiéme le Roy confirme lesdits Jurez dans leurs Charges de Jurez des Maistres à danser & Joueurs d'Instrumens tant hauts que bas, & Hautbois; ordonne que tous les Maistres à danser & Joueurs d'Instrumens seront tenus à l'avenir de faire experience devant lesdits Jurez, & quatre anciens Maistres, & ledit Dumanoir, que le Roy confirme en la charge de Roy des Menestriers; défend à toutes sortes de personnes de montrer à danser qu'ils n'ayent esté receus Maistres; & confirme l'Academie, que sa Majesté réduit au nombre de treize &c.

Il est constant que les Musiciens qui n'ont jamais eu rien de commun avec les Maistres Violons, n'ayant formé aucune opposition à l'établissement desdits Jurez, ils ne peuvent estre parties en cette Declaration : & tout ce dénoüement, de Danseurs d'Academie, de Roy des Menestriers; ce commandement à tous les Maistres à danser & Joueurs d'Instrumens de faire experience devant les Jurez; & ces deux qualitez de Maistres à danser & Joueurs d'Instrumens, dans toute cette Declaration toujours confonduës en un mesme sujet, dont l'une marque la fonction d'enseigner la danse, & l'autre en fait d'Instrument, ne marque qu'une execution personnelle, & non une fonction de montrer à joüer, d'autant qu'il y a Maistre à danser & Joueur &c. manifeste clairement, que ladite Declaration n'est donnée que pour regler les Maistres à danser & Joueurs de Violons contestans, que le Roy soumet à la Jurande : sa Majesté ne se servant du mot d'Instrument, que pour se conformer aux termes du métier.

6. Il n'y a point d'exemple que le Roy ait jamais nommé les Musiciens Maîtres à danser & Joueurs d'Instrumens tant hauts que bas, & Hautbois. Et rien n'a jamais esté plus ridicule, que la pensée de ces Jurez, de prétendre qu'en donnant des qualitez aux Musiciens à leur fantaisie (quoy que totalement contraires à leurs fonctions) ils seront en droit de les obliger de se faire Maîtres à danser & Joueurs de Violons, malgré la raison; ou de leur

interdire l'usage des Instrumens d'harmonie, qui n'ont esté inventez que pour exprimer leurs compositions de musique, au supplément de la nature. Il faudroit donc aussi défendre la parole aux Philosophes & Orateurs ; aux Mathematiciens les instrumens avec lesquels ils font connoître par démonstrations, ce qu'ils prouvent par raison; l'Ecriture aux Secretaires ; & aux Soldats l'usage des armes. Ce qui seroit inoüy & sans exemple.

7. Il y auroit encore moins de raison de s'imaginer que le Roy, qui a apporté tant de soin, & employé des sommes si considerables, tant pour l'établissement que pour le maintien des sciences en son Royaume (ayant honoré la Musique de ses applications) la rabaissast aujourd'huy, en la faisant tomber en roture de métier, dans un temps où par le degré de perfection qu'elle s'est élevée en France, dans la seule veuë de luy plaire, elle meriteroit plûtost des lauriers : Et de croire que sa Majesté, au lieu de récompenses aux Musiciens qui par leurs travaux & études ont contribué à cette perfection, les voulust avilir, en leur donnant le titre de Maîtres Menestriers, ou Maîtres Violons à Paris. Et de plus, les obliger d'acheter cette dégradation, non seulement du prix de leurs bourses, mais encore aux dépens de leur propre honneur, & le tout sans en faire aucune mention, ny en parler en aucune maniere dans toute cette Declaration : Une innovation de pareille consequence meriteroit bien plus d'estre particularisée, que l'augmentation d'un simple Hautbois. Et il faut estre aussi aveuglé par le démon d'interest, que sont ces quatre Jurez, pour se forger de telles chimeres, en donnant des explications à leur fantaisie à cette Declaration, qui n'y peuvent estre entenduës selon la droite raison ; & pour ne pas connoître par cette défense formelle que le Roy fait à tous Particuliers de montrer à danser sans estre receus Maîtres &c. sans défendre d'enseigner à toucher d'aucuns Instrumens ; que sa Majesté ne parle que pour tous les Maîtres à danser qui se sont opposez à leur établissement, & non aux Musiciens qui n'y ont aucun interest.

8. Il est à remarquer, que dans toute l'étenduë de cette Declaration, outre qu'il n'est parlé en aucune maniere de Musiciens, Clavecins, Luths, ny d'autres Instrumens d'harmonie, il n'est pas mesme fait aucunes défenses particulieres de montrer à jouer d'aucuns Instrumens : mais seulement en la 7. page, aprés que le Roy a ordonné que les Statuts & Reglemens faits pour raison

dudit art & meſtier, au mois d'Octobre 1658, cy-devant mentionnez, ſeront executez ; Sa Majeſté fait défenſes à tous particuliers de s'entremettre dans l'exercice & fonction des Maîtres dudit art, tant pour le fait de la Danſe que des Inſtrumens, ſoit en leurs maiſons ou en celles des Bourgeois & autres lieux, &c. Ce qui ne peut eſtre interpreté, que pour une défenſe faite aux Particuliers qui ne ſont point de cette Communauté, de montrer à Danſer en Ecole ou en ville, de montrer en particulier à leurs Apprentifs obligez & non à d'autres (conformement au 3. article de leurs Statuts) la Danſe & le jeu des Violons ; & d'aller jouer des differens Violons en troupe aux Serenades, Bals, Nôces, & autres lieux publics ; qui ſont les ſeules & uniques fonctions de ces Maîtres, conformément au 6. article de leurs ſuſdits Statuts confirmez ; & ne peut eſtre entendu pour une défenſe faite aux Muſiciens, qui ne ſont point icy parties, d'enſeigner aux Particuliers l'expreſſion de la muſique ſur un Clavecin, ou un Luth. D'autant plus, que ce ne peut eſtre une fonction deſdits Maîtres de montrer à jouer d'aucun Inſtrument aux Particuliers ; le Roy leur ayant défendu formellement ſur peine d'amande par ledit 3. Article de leurs Statuts, de ne montrer le jeu des Inſtrumens qu'aux Apprentifs obligez, & actuellement demeurans chez eux en ladite qualité. Ainſi les Muſiciens ne faiſant aucunes fonctions de ces Maîtres, cette défenſe de s'entremettre ne les regarde aucunement.

Enfin ſa Majeſté, pour ne point donner le déplaiſir aux plus habiles Danſeurs du Royaume qu'elle aſſujettit à cette Jurande, de ſubir l'examen des quatre Jurez (qui peut-eſtre n'auroient pas eſté dignes de lier les courroyes de leurs eſcarpins) les en diſpenſe en ces termes : A l'égard des Particuliers qui ont fait juſques à preſent l'exercice & fonction de Maîtres à Danſer & Joueurs d'Inſtrumens, Voulons qu'ils ſoient receus à la Maîtriſe & à la Communauté, ſans eſtre tenus de faire aucune experience, dont Nous les avons diſpenſez & diſpenſons ; à la charge neanmoins de payer les droits de receptions, pour eſtre admis au nombre des Maîtres de ladite Communauté, ce qu'ils ſeront tenus de faire dans trois mois du jour de la publication des preſentes : le tout en payant comptant par leſdits Ducheſne, Godefroy, Peſant & Aubert, ſuivant leurs offres, la ſomme de douze mille livres entre les mains du Treſorier de nos Revenus Caſuels en exercice, laquelle tiendra lieu d'augmentation de finance &c.

Cette fin, suivant le commencement, ne parle qu'aux Maîtres à Danser & Joueurs de Violons opposans. Ces Jurez ont beau chicanner sur le terme ambigu d'Instrument, qui ne definit rien de positif par luy-mesme ; il ne peut avoir la force d'innover & soumettre une profession de science qui a toujours esté libre, à un mestier étably depuis long-temps. Le mot d'Instrument ne veut point dire Clavecin, de mesme que celuy d'animal ne signifie point un homme. Et de plus, il n'est pas permis ausdits Jurez de détacher la fonction de Joueurs d'Instrumens, de la qualité de Maîstres à Danser, à laquelle le Roy l'unit inseparablement, pour en faire de leur chef des Maîstres à part. La qualité de Joueurs d'Instrumens sans celle de Maîstres à Danser, n'est deuë qu'aux Vielleux : & celle de Maîstres à Danser & Joueurs d'Instrumens ne peut convenir aux Musiciens, qui ne sçavent pas danser ; Sa Majesté n'ordonnant que de recevoir Maîstres, les Particuliers qui ont fait l'exercice & fonction de Maîstres à Danser & Joueurs d'Instrumens, (qui ne sont que de montrer à Danser & jouer du Violon,) les Musiciens n'estant point Danseurs, n'ont aucune part à cette Ordonnance. Et comme il est indubitable que c'est aux Musiciens à rechercher non seulement toute la perfection dans la Composition de la Musique, mais encore toute la delicatesse dans son expression, & que tout ce qui concerne la Musique, tant Vocale qu'Instrumentale, & tout ce qui dépend de sa theorie comme de sa pratique, leur appartient : on ne peut pas dire qu'un Musicien, qui exprime la Musique sur un Clavecin, qui est une de ses propres fonctions, fasse celle d'un Maîstre à Danser, auquel le Violon n'est toleré que par la necessité à la Danse d'estre animée par le son d'un Instrument. C'est plutost le Maîstre à Danser qui emprunte de la Musique le secours d'un Instrument, sans lequel la Danse n'auroit aucune grace, & peut-estre seroit plus ridicule qu'agreable. Mais pour preuve incontestable que les Instrumens ne sont point de la dépendance des Maîstres à Danser, & qu'ils ne leur sont accordez que par grace ; c'est que l'usage ne leur en est accordé que personnellement, attendu que le Roy leur défend par le 3. Article de leurs susdits Statuts, de n'en montrer le jeu qu'aux Apprentifs obligez qui doivent estre receus Maîstres à danser. Ainsi, par cette autorité irrevocable, il est évident que les Musiciens qui se servent de Clavecins ne peuvent estre censez s'entremettre dans l'exercice & fonction de Maistres à danser & Ioueurs de Violons ; & par consequent, que cette Ordonnance de se faire Maistre, ne peut s'appliquer à eux : non plus que toute cette Declaration, où il n'y a pas un seul mot depuis le commencement jusqu'à la fin qui puisse se rapporter à la Musique, & aux Instrumens d'harmonie.

D'où il faut conclure, que les Musiciens n'ayant jamais esté de la Communauté des Menestriers (comme il a esté prouvé par des raisons sans replique) & n'y estant point innovez par ladite derniere Declaration ; il est indubitable qu'ils n'en doivent point estre, & que c'est une concussion manifeste ausdits Jurez (pour assouvir leur avarice) de chercher des ambiguitez, & de donner de fausses interpretations aux Declarations du Roy, pour usurper les Musiciens, sur lesquels le Roy ne leur donne aucun droit, & qui n'ont jamais esté confondus avec les Jongleurs Menestriers.

Pour achever d'exterminer ces Jurez Violons avec leurs propres armes, il faut prouver par la susdite Declaration du Roy, que tout le fondement de leur pretendu droit n'est étably que sur des contraventions aux Ordonnances, impostures, fausses citations, & termes malicieusement falsifiez.

1. Le Roy par cette Declaration ne leur ayant donné que trois mois de graces, pour recevoir de plein droit les Maistres à danser innovez sans faire experience, expirez au mois de Février 1693. en mépris de ce Reglement, ils n'ont procedé contre les Musiciens (sur qui ils n'ont aucun droit) que plus de quatre mois aprés ledit temps. Ce qui est une contravention manifeste, & de plus une fin de non recevoir : d'autant que passé lesdits trois mois, ils ne peuvent plus recevoir aucuns Maistres que par les voyes d'apprentissage & d'experience, conformément aux Statuts & Ordonnances.

2. Ils ont fait assigner les Musiciens aprés les susdits trois mois, pour qu'il leur soit fait deffenses de montrer à jouer des Instrumens de Musique chez eux ou en Ville, & pour se voir condamner à deux cens livres d'amende pour l'avoir fait sans qualité, conformement à la susdite Declaration, ce qui est une imposture, atendu qu'il n'y a point dans cette Declaration Joueurs d'instrumens de musique, mais seulement Maistres à danser & Joueurs d'instrumens tant hauts que bas, & Hautbois, qui sont
les

les dernieres qualitez à quoy le Roy les fixe par icelle : dérogeant en sa septiéme page aux Statuts & Ordonnances cy-devant faits pour raison dudit Art & Métier, en tout ce qui luy est contraire; & qu'il n'y est fait aucune défense de montrer à jouer des instrumens de musique, mais seulement de s'entremettre dans l'exercice & fonction des Maistres dudit Art, tant pour le fait de la Danse que des Instrumens &c. Et comme il leur est specialement défendu sur peine d'amende (par le susdit troisiéme Article des Statuts) de montrer, ils ne peuvent empescher les Musiciens de le faire ; ce passage de la Declaration ne leur donnant droit que sur ceux qui s'entremettent dans leurs fonctions : & c'est une fausse citation desdits Jurez, de demander que les Musiciens soient condamnez à l'amende, pour avoir montré sans qualité, conformément à la Declaration, qui n'en dit pas un mot ; laquelle citation est d'autant plus frauduleuse, qu'elle tend à vendre aux Musiciens (avec la Maîtrise) le pouvoir de montrer à jouer des Instrumens, qui leur est formellement défendu par les Ordonnances. Ainsi les Musiciens n'ont point de conte à leur rendre touchant leur qualité d'enseigner la Musique sur les Instrumens d'harmonie.

S'il a plû au Roy de laisser aux Particuliers (nez avec quelque distinction) d'honnestes moyens de subsister par leurs talens, sans estre assujettis à la roture d'un métier, & de favoriser ceux qui professent les Sciences, d'une pleine & entiere liberté de les enseigner; ce n'est point aux Jurez Menestriers, qui ne sont point commis pour regler l'Estat, d'en prendre connoissance. Qu'ils se meslent de leur Danse, Violons & Hautbois : c'est la seule chose dont ils ont traité, & c'est aussi la seule dont ils doivent jouïr.

Dans leurs pretendus moyens (tous farcis d'autant de mensonges que de paroles) servant de réponse à la Requeste d'intervention des Compositeurs Organistes du Roy, à commencer par l'étiquet, ils disent que les Musiciens falsifient la Declaration du Roy, pour l'accommoder à leur sens. Les Jurez font en cela comme ces latrons qui crient au voleur en fuyant avec le larcin. En voicy des preuves convainquantes.

Au numero 14. ils disent, que le Roy ordonne, que tous les Joueurs d'Instrumens seront tenus à l'avenir de faire experience devant les Jurez &c. supprimant la qualité principale de Maistres à danser qui précede, pour insinuer que le Roy fait un nouveau

D

Reglement pour des seuls Joueurs d'Instrumens. Ce qui est une obmission frauduleuse, attendu que sa Majesté ordonne qu'à l'avenir tous les Maistres à danser & Joueurs d'Instrumens seront tenus de faire experience &c. ne desunissant point ces deux qualitez, pour marquer qu'elle ne parle qu'aux Maistres à Danser & Joueurs de Violons, seuls parties en ladite Declaration.

Au numero 7. disant, que le Roy en sa Declaration page 7. fait deffenses à tous Particuliers de s'entremettre dans l'exercice & fonction des Maistres dudit Art, tant pour le fait de la Danse que le fait des Instrumens. Ils ajoutent le mot de Fait, Repliqué, qui n'est point dans la Declaration, pour favoriser la desunion qu'ils pretendent de ces deux qualitez, contre l'intention du Roy, qui les attache inseparablement à mesme sujet.

Tout le reste desdits moyens n'est remply que de faussetez.

Au commencement, ces Jurez disent qu'ils ont dans leur Communauté des Joueurs de toute sorte d'Instrumens : ce qui est un pur mensonge ; car il n'y a pas un Maître, qui ait esté receu depuis le commencement de leur Maîtrise jusqu'à l'établissement des Jurez perpetuels, qui osast certifier devant Dieu & justice, d'avoir esté admis à ladite Maîtrise pour autre chose, que pour danser & jouer du Violon, ny avoir fait autre apprentissage à l'Ecole de ses Maistres, ny autre experience à sa reception. Partant, si sur mille ou douze cens Violons qui sont à Paris, il s'en trouve deux seuls qui ayent appris des Musiciens à toucher de l'Orgue, ils ne peuvent avoir esté admis à la Maitrise pour ce regard ; attendu que leur apprentissage n'auroit pû valider, n'ayant point esté fait chez des Maistres, conformement au premier & second Article des Statuts & Ordonnances du Roy. Partant, c'est à tort que lesdits Jurez exposent qu'ils ont des Maitres Joueurs de toute sorte d'Instrumens, puis qu'ils n'ont jamais receu que des Joueurs de Violons. De plus,

C'est par les Statuts & Ordonnances du Roy (qui reglent le devoir & les fonctions de toute la Maitrise) que ces Jurez Violons peuvent établir leurs droits, & non sur les actions de quelques particuliers. Quoy qu'il y ait plusieurs Maistres Violons qui vendent des Serins de Canarie, ce n'est point une autorité pour prouver que tous les Oiseleurs doivent estre de cette Communauté : Et si quelque Joueur de Violon devenoit Philosophe, il ne s'enfuivroit pas que tous les Sçavans de l'Université de Paris fussent obligez de se faire Maistres Violons. Le fait de ces Maîtres n'est autre (par le sixiéme Article des Statuts) que de montrer à danser, jouer en bande des differens Violons aux nopces, bals, comedies, & autres semblables lieux, & seulement avec leurs compagnons, ainsi qu'il est porté par le dixiéme Article des susdits Statuts, qui leur défend de jouer avec d'autres. Partant, si les Musiciens ont tiré quelques Joueurs de Violons de leurs fonctions de Menestriers, pour les admettre à quelque Musique, (estant hors de leurs exercices) ils n'y peuvent estre considerez comme Maistres ; & les Jurez ne les peuvent citer pour exemple, que mal à propos, & contre les Ordonnances du Roy.

Au numero premier, les Jurez disent qu'ils prouvent par des titres de trois siecles leur droit sur le Clavecin, & que ceux qui veulent faire profession de l'enseigner sont sujets à la Maîtrise &c. Ils avancent deux faussetez manifestes, d'autant qu'il n'a jamais esté dit un mot de Clavecin, ny d'autres Instrumens d'harmonie dans aucuns de leurs Statuts ; & que bien loin d'appartenir aux Maistres de cette Communauté d'enseigner à toucher du Clavecin, le Roy leur défend par le troisiéme Article des derniers Statuts & Ordonnances, de montrer le jeu de leurs Instrumens mesme à autres qu'à leurs Apprentifs obligez demeurant chez eux : & de plus ils n'en peuvent avoir qu'un à la fois, ainsi que tous les autres métiers.

Au numero 2. les Jurez exposent que c'est par leurs soins que la musique est maintenuë dans sa perfection &c. Ils disent vray : car sans leurs diligences, la musique auroit esté entierement perduë pour les Cabarets, Bastelleurs & lieux infames, où ces Jurez l'ont maintenuë avec une singuliere exactitude, malgré toutes les précautions inutilement prises pour les en arracher.

Au numero 4. les Jurez disent que c'est une supposition que le Hautbois ait esté ajouté à leur maitrise ; & citent, pour preuve de leurs anciens droits, plusieurs Joueurs de Hautbois ayant passé les Charges de Jurez &c. mais tous lesdits Hautbois n'ayant esté admis à la maitrise que pour le jeu des Violons, à quoy ils gagnoient aussi leur vie, c'est une fausse subtilité ausdits Jurez de les donner pour preuve ; d'autant plus, que la temperance n'étant pas le vice ordinaire des Violons, s'ils avoient eu droit sur cet Instrument, ils ne s'en seroient pas tenus à ce petit nombre.

D ij

De plus, la Sentence contradictoire de Police du 29. Avril 1689. qui les condamne en faveur de Ribauville & confors, Joueurs feulement de Hautbois & autres Inftrumens à vent, eft une preuve convainquante qu'ils n'ont point eu de droit fur cet Inftrument. Et le ridicule fauxfuyant de ces Jurez au numero 13. de dire, que ces derniers eftoient de pauvres Joueurs de Hautbois de cabarets, qu'ils ont tolerez en confideration de leur mifere, ne peut fervir qu'à manifefter la dureté de ces devots Violons à pratiquer les bonnes œuvres, puis qu'ils ont eu befoin d'une Sentence de condamnation pour exciter leur charité.

Le galimatias que les Jurez font en fuite, difant que l'Orgue eft plus haute que le Hautbois, celuy-cy plus haut que le Violon, ce dernier plus haut que le Clavecin &c. pour prouver que tous les Inftrumens font hauts & bas à l'égard les uns des autres, ne peut fervir qu'à faire connoitre leur afnerie ; d'autant que les Inftrumens d'harmonie eftant tous au mefme degré de tons, ces hauts & bas ne fe trouveront que dans les inégales fituations de leur cervelle.

Les Titres d'anciens Rois, que les Jurez citent au mefme numero, n'ont aucune étenduë fur les Muficiens ; d'autant que ce ne font point des privileges fpeciaux donnez aux anciens Violons, d'exercer feuls la Mufique, tant vocale qu'inftrumentale, à l'exclufion de tout le genre humain : mais feulement des approbations de Statuts faits par les anciens Jongleurs Meneftriers pour fait de meneftrandife, où ils fe font donnez des qualitez à leur fantaifie, que les anciens Rois n'ont toleré que par rapport feulement aux Meneftriers, & fauf les droits d'autruy.

Comme il a efté permis de tout temps aux Métiers peu honorables d'en cacher la baffeffe fous des titres vagues qui ne déterminent rien, les Violons (à l'abry de ce privilege) en ont toujours pris de fi ambigus, qu'ils ont eu befoin de commentaire pour les expliquer, & les ont changé fi fouvent, qu'ils ne fçavent pas mefme aujourd'huy à quoy s'en tenir, les Jurez voulant inceffamment obliger leurs Confreres de recevoir d'eux de nouveaux Statuts, comme s'ils eftoient les feuls maiftres de fe faire des loix, au mépris de celles que le Roy leur a prefcrites par fa derniere Declaration, confirmative des Statuts precedens.

En 1328. que les premieres fouches de cette Communauté

divertissoient le menu peuple avec des Vielles, Singes & Gibecieres en vendant du galbanum, leurs titres honoraires estoient de Menestrandeurs de la Menestrandise, Sauteurs, Jongleurs, Meneurs de Singes & Appointeurs de Vielles : mais le public, qui n'entroit point dans ce détail, ne les qualifioit que de Jongleurs Menestriers ; de mesme qu'aujourd'huy on ne les traite que de Violons, sans avoir égard à leur titre de Joueurs d'Instrumens tant hauts que bas. *Voyez les Antiquitez de Paris*, fol. 571.

Ces Jongleurs, sous la conduite d'un chef de leur élection, se gouvernoient selon certains Reglemens faits entr'eux : mais aprés l'érection de leur Confrerie, qui fut en 1331. (un an aprés la fondation de S. Julien des Menestriers) ils commencerent peu à peu, à se purger. Ayant fait divorce avec les Singes, ils firent d'autres Reglemens en 1397. sous le titre de Menestrels, qui ne regardoient plus que les Vielleux, lesquels ne durerent que jusqu'à l'invention des Rebecs ; à quoy les principaux Menestrels s'estant adonnez, ils firent de nouvelles Ordonnances en 1407. où ayant changé l'ancienne qualité de Jongleurs en celle de Menestrels Joueurs d'Instrumens tant hauts comme bas, parce qu'il y avoit des dessus & des basses de Rebecs, ils en demanderent la confirmation au Roy Charles VI. dont voicy l'Extrait.

CHARLES par la grace de Dieu Roy de France, Sçavoir faisons à tous presens & à venir : Nous avons receu l'humble supplication du Roy des Menestrels, & des autres Menestrels Joueurs des Instrumens tant hauts comme bas, contenant comme dés l'an 1397. pour leur science de Menestrandise faire & entretenir selon certaines Ordonnances par eux autrefois faites, & que tous Menestrels tant Joueurs des hauts Instrumens comme bas, seront tenus d'aller pardevant ledit Roy des Menestrels, pour faire serment d'accomplir toutes les choses cy aprés declarées. S'ensuivent les Ordonnances qui ne parlent en tout que de Nôces & de Menestrels. Donné à Paris le 24. Avril 1407.

Il paroist par cette Ordonnance 1. Que ces Jongleurs changent leur ancienne qualité en celle de Menestrels Joueurs d'Instrumens tant hauts comme bas. 2. Qu'ils n'avoient point la qualité de Maîstres. 3. Que leurs Ordonnances avec leur Roy des Menestriers n'avoient point esté cy devant approuvées, puisque cet ancien Roy ne dit point (comme ses Successeurs) confirmées par les Rois nos predeceſſeurs, mais ſeulement par eux autrefois faites. Ce qui manifeſte qu'ils vivoient à leur mode comme des Bandis ou Bohemiens, qui ont un Roy & des Reglemens inconnus à tout autre qu'à ceux de leurs cabales. 4. Qu'il falloit qu'ils uſurpaſſent quelque choſe au delà de leur ancien pouvoir, puiſqu'ils avoient beſoin de confirmation pour y eſtre autoriſez. 5. L'effronterie de ces anciens Jongleurs, d'avoir qualifié de ſcience le métier de vieller. 6. Enfin il eſt manifeſte, que ces Ordonnances n'ayant eſté faites & preſentées que par le Roy des Meneſtrels avec toute ſa ſequelle pour fait de meneſtrandiſe, & n'ayant eſté confirmées que ſur ce pied, elles ne peuvent avoir force & s'étendre que ſur des Meneſtrels.

Les Vielleux qui prétendoient (par conformité d'origine avoir meſme droit que les autres) s'eſtant auſſi emparez des Rebecs, les principaux y augmenterent une quatriéme corde en déguiſant un peu la forme; & les ayant nommez Violons, prirent le titre de Joueurs de Violons, qu'ils auroient toujours conſervé, ſi les extravagances de la pluſpart de ceux qui en faiſoient métier, n'avoient donné lieu au colibet de plaiſant Violon (pour traiter de ſot & d'impertinent) qui les a fait retourner à leur ambigu de Meneſtriers Joueurs d'Inſtrumens tant hauts que bas. A quoy ils ont ajouté, De quelque Inſtrument que ce ſoit; ou bien, De tous Inſtrumens, le tout ſuivant leur caprice, juſqu'à l'évenement de Dumanoir à la Monarchie Violonique; lequel voulant uſurper les Maiſtres à Danſer, pour les diſtinguer des Meneſtriers Joueurs de nopces & de marionettes, s'eſt aviſé du titre enigmatique de Violons Maiſtres à Danſer & Joueurs d'Inſtrumens tant hauts que bas, dont il a demandé au Roy la confirmation au nom de toute la Meneſtrandiſe en 1658. lequel Titre a finalement eſté réduit par une Declaration du Roy du 2. Novembre 1692. à celuy de Maiſtres à Danſer & Joueurs d'Inſtrumens tant hauts que bas, & Hautbois, que ſa Majeſté a adjouté à cette Maiſtriſe, à la requeſte des Jurez, comme ſervant à la danſe avec les Violons; & cette adjonction eſt une preuve inconteſtable, que ſa Majeſté a connu que ce Tant haut que bas, bien loin de ſignifier tous les Inſtrumens, n'eſt qu'une expreſſion groſſiere des Maiſtres Violons pour comprendre toutes les Parties en ce terme ambigu. Au ſurplus, ſa Majeſté déroge en la ſeptiéme page de cette Declaration, à tous les anciens Statuts & Reglemens à ce contraires. Partant, reprenant la suite de cette Communauté de Jongleurs & Menestriers depuis son origine, en faisant voir que quoy qu'elle ait essayé tant de fois de se déguiser sous des titres differens, elle n'a jamais changé de fonctions, & que les Vielles n'ont fait que ceder aux Violons; non seulement ces anciens Titres ne peuvent avoir force sur les Musiciens, parce qu'ils n'ont esté donnez qu'aux Menestrels & pour fait de menestrandise, mais encore parce qu'ils sont abrogez par ladite Declaration du Roy, qui les annulle en tout ce qui luy est contraire. De plus, quand mesme ces vieux Titres auroient donné pouvoir aux anciens Jongleurs Menestriers sur tous les Instrumens (ce qui n'a jamais esté) ils en seroient aujourd'huy déchus par deux raisons sans replique. 1. Que ne les ayant jamais fait valoir, ils auroient perdu leurs droits, & s'en seroient rendus indignes. 2. Qu'ayant fait comme cet indigne serviteur de l'Evangile qui avoit enterré le talent, ils meriteroient d'en estre dégradez; puisque par leur lâche paresse, & ignorance crasse, sans la diligence & l'étude des Musiciens, les Instrumens d'harmonie seroient aujourd'huy aussi inconnus en France, que les espaces imaginaires. Ainsi, par toute sorte de raisons, ces anciens Titres, bien loin d'autoriser le droit chimerique des Jurez Violons, ne peuvent servir qu'à manifester la bassesse de leur origine.

Les petites figures de pierre qui sont au Portail de l'Eglise de saint Julien aux Menestriers, que ces Jurez citent comme d'illustres Titres, & des témoignages energiques, quoy que muets, de l'exercice & fonction des anciens Fondateurs de ce saint lieu, & de la verité desquels on ne peut entrer en soupçon sans crime, serviront de confirmation irrecusable de ce qui a esté cy-devant dit du métier des premiers Jongleurs: d'autant que la premiere desdites figures du costé gauche, qui avoit une Gibeciere de Charlatan, que les Maistres ont rompu *novissimè*, pour parer la réunion de cet Hôpital, de peur qu'en chicane elle ne passa pour une bourse de queste; le Singe que tient son Meneur cimetrisant du costé droit; la Vielle du petit compagnon d'audessus; & les deux petites Boistes dont on voit encore les places au dessous des deux premieres figures, que les Maistres ont aussi rompuës parce qu'elles se pouvoient adapter à des petits Troncs d'Enfans trouvez, sont des hieroglifiques confirmatifs, que les Jurez ne peuvent recuser sans se rendre coupables par leur propre aveu, que ses anciens

Fondateurs eſtoient des Baſtelleurs, Vielleux, Meneurs de Singes, & Marchands de galbanum: & toutes les autres figures compulſées, tenant Trompette marine, Cornemuſe, Fluce à trois trous, Tabourins, Sifflets de Chaudronier, Echelette & Claquebois, qui ſont tous inſtrumens de charivary: Ce groteſque aſſemblage ne peut qu'établir, que leur Muſique n'eſtoit bonne qu'à faire danſer les Singes. En quoy on peut auſſi remarquer la beſtiſe de ces anciens Fondateurs, égale à celle de ces Jurez-cy, d'avoir mis, en conformité de leur métier, de petits Anges de pierre à la porte d'une Egliſe avec de tels équipages de Charlatans. D'ailleurs, quand meſme effectivement (contre les ſuſdites veritez) il y auroit à ce Portail les Inſtrumens que les Jurez y fabriquent à leur mode; il y a au troiſiéme Portail de la face de l'Egliſe de Notre-Dame, du coſté de l'Hoſtel-Dieu, pluſieurs figures tenant toute ſorte d'Inſtrumens de Muſique, du temps jadis (excepté le Singe & la Gibeciere:) & neanmoins il eſt tres évident, que les Meſſieurs du Chapitre n'ont jamais prétendu aucuns droits ſur les Muſiciens. Ce qui manifeſte qu'il faut que ces Jurez ſoient totalement dénuez de bonnes preuves, pour en aller mandier d'auſſi ridicules à la porte d'une Egliſe.

C'eſt mal à propos que les Jurez, en mépriſant tous les Muſiciens, citent au *numero* 7. Mazuel, Farinel, & Brulard, pour meilleurs Compoſiteurs qu'eux: d'autant que ces Mazuel & Brulard ayant appris la Compoſition des Organiſtes de Notre-Dame & ſaint Leu; & Farinel, Violon de Grenoble, du Cariſſimi Muſicien Romain; il eſt ridicule aux Jurez de s'en vouloir faire honneur: d'autant plus, que l'inſigne merite de ces illuſtres n'a jamais excedé les bornes de quelques Branles & Courantes pour danſer, qui ont eſté enſevelies avec leurs auteurs; & dont il ne feroit aujourd'huy aucune memoire ſans la mauvaiſe foy deſdits Jurez.

A l'égard du Sieur Lully qu'ils citent, & dont l'habileté eſt aſſez connuë par ſes Ouvrages, bien loin d'avoir eſté de la Communauté des Violons, il en faiſoit ſi peu de cas (veu le peu de facilité de quelques Maiſtres à jouer leurs Parties ſans les avoir étudiées,) qu'il les traitoit de Maiſtres Aliborons & de Maiſtres ignorans. Il eſt bien vray qu'il a joué du Violon dans ſon bas âge; mais l'ayant reconnu au deſſous de ſon genie, il y a renoncé pour s'adonner au Clavecin & à la Compoſition de Muſique,

ſous

fous la discipline des feus Sieurs Metru, Roberdet, & Gigault Organiste de saint Nicolas des Champs, Appellant en la Cause presente, tous sçavans Musiciens, qui n'ont jamais fait comparaison avec les Menestriers. Ainsi ledit Sieur Lully ayant abjuré la qualité de Violon sans avoir esté receu Maître, pour se faire Musicien ; les Jurez ne peuvent tirer aucun avantage de son merite de Compositeur : A moins qu'ils ne prouvent par des raisons incontestables, que la tache du Violon ne se peut ôter. De sorte que le tout bien consideré, il se touvera tres peu de Compositeurs de cette Maîtrise. D'ailleurs, quel rapport ont ces citations inutiles avec la question presente ? Il ne s'agit pas de connoître s'il y a quelque Joueur de Violon qui sçache composer de la Musique ; mais seulement, si cette composition de Musique & ses dépendances, sont des fonctions annexées au métier de Maîstre à Danser & Joueur de Violon, pour que tous les Musiciens soient tenus de se faire Maistres. Ce qui n'a jamais esté, & ne se trouvera point dans les Statuts & Ordonnances, & Declaration du Roy : Où tout au contraire, outre qu'il n'y est pas dit un mot qui concerne la Musique, il y est formellement défendu ausdits Maîtres Violons, de montrer le jeu des Instrumens. Ce qui doit seul suffire pour aneantir les injustes pretentions de ces Jurez sur les Musiciens.

Au numero 8. les Jurez disent que leurs predecesseurs ont negligé le devoir de leurs Charges &c. Ils ont raison, d'autant qu'au lieu d'avoir tenu les mains à l'execution des Statuts & Ordonnances du Roy, ils ont souffert que les Maistres ayent montré à jouer du Violon à tous les laquais de Paris, contre le troisiéme Article desdits Statuts, qui leur défend (sur peine de cinquante livres d'amende appliquable un tiers au Roy) de montrer à autres qu'aux Apprentifs obligez. 2. Ils ont laissé jouer les Maistres avec toute sorte de racaille, pour se dispenser de partager le gain avec les autres Maistres qu'ils auroient dû prendre, contre le dixiéme Article des susdits Statuts, qui défend ausdits Maistres, à peine de trente livres d'amende, de jouer avec autres que de leurs compagnons. 3. Ils ont laissé jouer aux cabarets la pluspart de leurs Maistres, contre le sixiéme Article, qui condamne à cent livres d'amende, fracture des Violons, & emprisonnement, les Maistres qui seront trouvez y jouant. 4. Ils ont receu toute sorte de gens ramassez, mesme jusqu'à des Cochers qui n'avoient

E

jamais demeuré chez pas un Maistre en qualité d'apprentifs, auſ-
quels ils ont donné de faux Brevets ; contre le premier & second
Articles, qui défendent aux Maistres, à peine de cent cinquante
livres d'amende, de diſpenſer leurs apprentifs de plus d'une année
des quatre d'obligation.

Par toutes les ſuſdites contraventions, il est aiſé de comprendre
le tort que la negligence des cy-devant Jurez a fait au Roy, par
la privation du tiers deſdites amendes revenant à ſa Majesté : attendu que ſur le grand nombre de Joueurs de Violons de Paris,
il y a eu tres peu de Maistres, y compris les Jurez d'aujourd'huy,
depuis l'année 1658. deſdits Statuts, qui n'ait violé les ſuſdits
Articles & autres, preſque tous les jours. Mais...

Si ces Jurez ont negligé leur devoir, ils n'ont pas fait de meſme de leurs interests. 1. Ils n'ont toleré les ſuſdites contraventions, que parce qu'ils ſont tombez auſſi ſouvent dans le meſme
cas. 2. Ils ont plaidé plus de cinquante ans contre les Violons de
cabarets (qui ſe diſent auſſi Joueurs d'Inſtrumens) pour leur re-
trancher ſeulement une corde de leurs violons, les remettre à
leur ancienne forme, & premiers noms de Rebecs ; croyant par ce
déguiſement ridicule les differencier des leurs. 3. Ils ont pour-
ſuivy les Danſeurs de Ville, qui les ont fait condamner par Arreſt
de la Cour du 14. Janvier 1667. 4. Dumanoir Roy des Meneſtriers, ayant envoyé de ſes Lieutenans dans les Provinces pour
meſme ſujet, Adrien le Févre, en cette qualité, fut condamné à
Abbeville, & en ſuite Dumanoir à Paris, par Arreſt du 25. Novembre 1667. 5. Ils ont intenté une infinité de procez contre
tous les Particuliers qui ont joué du Violon aux nopces & ſere-
nades, ſans eſtre Maistres ; & meſme contre les Maistres qui te-
noient aſſemblées les Dimanches ayant pluſieurs Violons, qu'ils
ont fait reduire à un ſeul, par Sentence de Police du 27. Novembre 1682. 6. Ils ont procedé contre les Joueurs de Hautbois, qui les ont fait condamner par Sentence de Police du 29.
Avril 1689. Enfin ces Jurez & Maistres Violons ont tant chicané,
& ſeulement pour raiſon de la Danſe & du Violon, que ſi toutes
leurs paraſſes eſtoient ramaſſées, elles pourroient ſuffire plus de
dix ans à toutes les Beurrieres de Paris. D'où l'on peut tirer une
conſequence ſans replique, que ſi ces Jurez & Maistres avoient eu
quelque droit ſur les Muſiciens, ils ne les auroient pas épargnez.
De plus,

Il est inconcevable que sur plus de cent mille Menestriers qui se sont succedez depuis leur établissement, qui a esté bien devant l'an 1328. jusqu'à celuy des Jurez d'aujourd'huy, il ne s'en soit trouvé au moins un seul, qui ait pû déchifrer ce droit enigmatique des Violons sur les Musiciens ; & mesme que les Jurez d'aujourd'huy ne l'ayent point connu au profit de toute la Communauté, quãd ils estoient Jurez électifs. Ce qui fait voir qu'il faut, ou que l'interest soit plus éclairé que la raison, ou que ces Jurez soient dignes des petites Maisons, de s'estre forgé sur les Musiciens des pretentions aussi éloignées du bon sens.

Enfin, ces Jurez (encloüez par leur ignorance) ne pouvant s'élever jusques aux Musiciens, font des derniers efforts pour les avilir afin de se les rendre conformes ; & aprés plusieurs mépris, indignes d'estre répondus, achevent leurs moyens (qui ne sont que de produire impunément des impostures meslées de quelques veritez ironiques) en disant 1. Qu'ils ont plus de cent Titres posterieurs à leurs Lettres Patentes, où il n'est pas dit un mot du Violon : Ce qui peut estre vray, car les anciens Menestriers ne jouoient que de la Vielle, qu'ils ont eu honte de nommer dans leurs qualitez, parce qu'elle a toujours esté infame. 2. Ils disent que les Musiciens (qu'ils qualifient de Joueurs de Clavecin) se veulent separer de leur Communauté ; ce qui est une insigne fausseté, que la liberté immemoriale des Musiciens aneantit, en prouvant incontestablement qu'ils n'en ont jamais esté. 3. Ils disent que lesdits Musiciens font leurs exercices comme eux, vont enseigner en Ville, jouer dans les Maisons, entrent dans les Concerts & Musiques, & pour leur peine & travail retirent des salaires & retributions ; & qu'ils font tout ce qu'il y a de servile dans l'exercice du jeu d'Instrument, tout ainsi que le moindre de leurs Maistres.

Il ne faut que faire connoître la difference de la profession du Musicien, au métier de Menestrier, pour détruire ces comparaisons injurieuses aux Musiciens.

1. Charles Estienne Imprimeur à Paris en 1552. (appuyé de l'autorité de Ciceron) explique *Aulétes, Tibicen*, & *Auloedus*, Un joueur de Flûte, un Menestrier. Et *Choraules* (sous l'autorité de Martial) un Menestrier qui fait danser au son de la flûte, Joueur de flûte aux jeux publics. L'Auteur des Antiquitez de Paris, fol. 571. dérive Menestrier d'*histrio* ; & dit au mesme

endroit, S. Geneſt eſt le vray Patron des Meneſtriers; auſſi eſt-il peint avec une Vielle. Oudin explique Meneſtrier ou Meneſtrandier, *ſonator di Violino*; & Meneſtrandie, *Compagnia di Sonatori*. D'où l'on peut colliger, qu'au temps de Ciceron & Martial, (auquel il n'y avoit ny Vielle ny Violon) les Meneſtriers eſtoient des Fluſteurs publics; & en France après l'invention de la Vielle, des Vielleux; & depuis un temps plus moderne que le Violon a eſté uſité, des Joueurs de Violons. Il n'y a point d'Auteurs qui interpretent Meneſtrier, pour Muſicien ou Compoſiteur de muſique qui touche du Clavecin, comme ils ont ſoûtenu dans leurs productions. Ce qui établit avec autorité, une difference eſſentielle entre la qualité de Muſicien & celle de Meneſtrier.

2. Le métier du Meneſtrier eſtant de jouer du Violon pour faire danſer, ou de montrer à danſer jouant du Violon, il ne reſſemble en rien à la profeſſion du Muſicien, qui eſt de compoſer de la muſique; de l'exprimer ou par les voix, ou par les inſtrumens d'harmonie; & de l'enſeigner pour en maintenir la perfection dans le Royaume.

3. Le Meneſtrier montre à danſer, qui eſt un exercice du corps qui n'a aucun rapport au Muſicien qui enſeigne à exprimer la muſique, & à la compoſer ſur le champ ſur une baſſe donnée, à ceux qui veulent accompagner; ce qui eſt une operation de l'entendement.

4. Les Meneſtriers vont jouer du Violon indifferemment chez toutes ſortes de gens, & ſous des conditions ſerviles; eſtant obligez ſur peine de trente livres d'amende, de ſervir indiſpenſablement tout le temps qu'ils ſe ſont louez, conformément au dixiéme Article de leurs Statuts, aux nopces & feſtins, aux bals publics, & aux ſpectacles; ſans compter les cabarets, gargottes, & lieux infames qui leur ſont défendus, où la pluſpart des Maîtres ne laiſſent pas de jouer tous les jours. Toutes leſquelles fonctions, bien loin d'eſtre faires par abus, ſont attachées à cette Maîtriſe, qui eſt obligée de fournir le public en general, de Joueurs de Violons pour pareils uſages. Et ſi ces Jurez vouloient faire un aveu ſincere de leurs actions paſſées, ils fourniroient aſſez de preuves de toutes ces veritez.

Ces ſortes de vilains maneges ne ſont point annexez à la muſique, qui n'eſt recherchée que des honneſtes gens. Si un Muſicien eſt mandé chez quelque particulier diſtingué, y allant ſans aucun engagement, il y est receu honorablement comme faisant partie de la Compagnie. S'il touche d'un Luth ou d'un Clavecin, il s'attire l'attention de tout le monde, & des louanges conformes au degré de son merite; & personne n'est assez mal instruit pour luy presenter de l'argent comme à un Menestrier. Cette injure l'obligeroit à n'y jamais retourner. Ainsi on ne peut trouver aucune conformité dans ces deux procedez. D'ailleurs la Musique est donnée de Dieu pour la satisfaction de l'esprit, & non pour regler les postures du corps. Et bien loin d'estre cette harmonie qui consiste en la parfaite union de toutes les parties que le Danseur demande aux Menestriers, il ne pourroit danser, si les dessus redoublez par plusieurs fois n'absorboient toutes les autres parties, au point de les rendre comme inutiles. Et mesme dans la rigueur & selon la droite raison, ce n'est point la varieté des sons qui est indispensablement necessaire à la danse, mais seulement les differentes espaces de temps reglé que les Musiciens appellent mesure, ou mouvement, & les Menestriers en leurs termes cadence; lequel pouvant estre marqué par le battement d'un tambour, aussi bien que par le son d'un instrument (comme on voit aux danses des Basques & des Bohemiens,) si les Menestriers se servent de Violons pour faire danser, cet usage ne leur peut donner aucune autorité de se comparer aux Musiciens qui pratiquent les instrumens d'harmonie pour leur seule & unique fin, qui est d'exprimer la Musique pour la satisfaction de l'esprit.

5. Si les Musiciens accompagnent dans les musiques, outre que c'est leur propre fonction, c'est dans cette occasion que le Musicien fait preuve de toute sa science; attendu qu'il y est obligé de composer & executer sur un Orgue ou Clavecin, dans le moment, toutes les Parties sur une seule Basse écrite; faisant par là sur le champ, ce que le Compositeur n'a fait qu'à loisir & avec beaucoup de reflexions. Et de plus, les accompagnemens sont aussi necessaires à la perfection d'une Musique, que les Generaux à la conduite d'une armée; attendu que ce sont les accompagnemens qui entretiennent l'harmonie, retiennent les voix dans la justesse, & les remettent quand elles s'en éloignent, ainsi que les Generaux maintiennent les Troupes en bon ordre, & les rallient quand elles se separent ou qu'elles sont rompuës.

Les Violons (tout differens) ne sont authorisez par le 6. article des Statuts & Ordonnances du Roy, que pour jouer aux Nôces & Bals publics, & seulement avec leurs Maistres Violons, suivant le 10. article qui leur défend à peine de 30. livres d'amende, de jouer avec d'autres; & le 11. qui leur defend à peine de 10 livres, de jouer avec les Violons Privilegiez suivans la Cour. Et s'ils sont admis par les Compositeurs à quelques Musiques, ils ne peuvent qu'estre comparez aux Maneuvres qui taillent chacun en particulier leurs pierres suivant les mesures de l'Architecte, lesquelles rapportées forment l'édifice, quoy que pas un des Ouvriers ne soit Architecte : Toutefois avec cette difference, qu'on ne peut faire d'édifice sans Ouvriers ; & qu'on a toujours fait de parfaite Musique sans Violons ; n'estant que depuis tres peu de temps que quelques Compositeurs modernes ont usité ces sortes d'Instrumens. Ainsi par ces raisons fondées sur les Ordonnances, c'est une extravagante resverie aux Jurez Violons, qui n'ont jamais eu aucun rang dans la Musique, de prétendre que les Musiciens qui accompagnent des Instrumens d'harmonie dans les Musiques, soient semblables aux Maistres Violons, qui ne sont établis par les Ordonnances que pour jouer en bandes, aux spectacles & assemblées publiques.

6. Ces Jurez s'abusent grossierement, en prétendant que les Musiciens doivent déroger parce qu'ils subsistent de leurs talens. Ce n'est point à la récompense des peines que la roture est attachée, mais seulement à la bassesse des actions faites pour la meriter. Quoy que le Prestre vive de l'autel, la retribution qu'il reçoit n'avilit point l'Oraison, ny la dignité de son caractere d'Ecclesiastique : ainsi le Musicien faisant sa profession honorablement, ne peut estre censé mercenaire en recevant la récompense de ses soins & assiduitez à enseigner une science, dont la pratique ne déroge en rien de la dignité de sa theorie. Et c'est une pure calomnie desdits Jurez, de dire que les Musiciens font tout ce qu'il y a de servile dans le jeu d'Instrument, tout ainsi que le moindre d'eux.

7. Ils disent que les Musiciens ne sont point sujets à d'autre Communauté. C'est parce qu'ils ignorent que la Musique est unie avec les autres sciences aux Universitez, où elle est publiquement enseignée dans les Cours de Philosophie, au rang des Mathematiques dont elle fait une des plus belles parties.

8. Les Jurez disent qu'ils ont donné 30000. livres dans l'esperance de jouir de tous les droits appartenans à ladite Commu-

nauté sur tous les Instrumens sans exception, conformement aux Titres & à la possession de ladite Communauté. A quoy l'on répond, que le Roy ne traite point en idée. Ses volontez sont particularisées & expliquées intelligiblement & nettement : & le Traitant qui cherche des allusions équivoques, ou ambiguitez pour donner des extensions aux Traitez, à son profit, est un usurpateur & un concussionnaire digne de punition. Ainsi ces quatre Joueurs de Violons n'ayant acheté que la Jurande perpetuelle de leur Maîtrise de Joueurs de Violons & d'Ecole de Danse, avec adjonction des Joueurs de Hautbois & Danseurs de ville, toutes lesquelles choses ayant esté nettement expliquées dans la Declaration du Roy qui les établit, sans qu'il y soit dit un seul mot de Musicien, d'Instrumens d'harmonie ou d'accompagnemens, ny generalement chose quelconque qui concerne la Musique ; ils ne se peuvent laver de leur concussion. Et cette feinte esperance de joüir de ce qu'ils sçavent ne leur appartenir, n'est qu'un tour de chicanne, pour éluder le chatiment deû aux usurpateurs : D'autant plus que Pesant & Duchesne, qui estoient Maîtres de Confrairie en charge, n'ont pû ignorer que les Musiciens n'estoient pas de leur Corps ; n'ayant jamais receu d'eux aucuns droits de Visites ny de Confrairie. Et lesdits Musiciens n'ayant jamais eu aucune part à la fondation de l'Eglise saint Julien, ny aux élections de pas un des Chapelains : ainsi que le témoigne l'inscription sur un marbre noir posé en ladite Eglise au dessus du Banc des Anciens ; dont voici un extrait.

En l'honneur de Dieu, de saint Iulien & saint Genest : Ce present marbre a esté posé pour eternelle memoire & reconnoissance de la fondation de la Chapelle saint Iulien des Menestriers, ruë saint Martin, faite par les Maistres Ioueurs d'Instrumens de Violons & Maistres à Danser, en l'année 1331. le 23. jour de Novembre, ainsi qu'il a esté reconnu par la Transaction faite & passée pardevant Charlet & Levesque Notaires au Chastelet de Paris, le 25. Avril 1664. Entre les Maistres Ioueurs de Violon ordinaires de la Chambre du Roy, & les autres Maistres Ioueurs de Violon & à Danser de cette Ville de Paris: Messire Iacques Favier Chapelain dudit saint Iulien, & pourveu d'icelle sur la nomination & presentation desdits Maistres Ioueurs de Violon, d'une part ; & les Reverends Peres de la Doctrine Chretienne de la Prevosté de Paris, &c. Plus bas suit.

Que les Peres reconnoissent que de toute ancienneté & à perpetuité lesdits Maistres Ioueurs de Violon & à Danser sont les Fondateurs, Patrons Laïques, Presentateurs, Gouverneurs & Administrateurs de l'Eglise, &c.

Ce témoignage authentique signé du Roy des Violons, de tous les Violons du Roy, & de tous les autres Maistres Joueurs de Violons & à Danser de Paris, qui estoient les mesmes qui avoient fait & redigé les Statuts approuvez & confirmez six ans auparavant cet Acte, doit seul suffire, non seulement de preuve que les Musiciens n'ont eu part à la susdite fondation, mais encore pour la condamnation desdits Jurez, en faisant voir en termes formels que leur Communauté n'estoit composée que de Maistres à Danser & Ioueurs de Violons : & par consequent n'ayant traité que des dépendances de leur maîtrise, ainsi qu'ils conviennent, & comme il appert par la Declaration du Roy, ils n'ont aucun droit sur les Instrumens d'harmonie Partant, ces Jurez ne peuvent éviter les châtimens dûs à ceux qui exigent concussionnairement des droits au delà de ceux qui leur sont accordez par les Traitez.

9. Ces Jurez, tant pour éviter d'estre recherchez, qu'en veuë d'obtenir ce qui ne leur est dû pour les indemniser, ont exposé par une Requeste du 2. Décembre 1694. qu'ils n'ont pas retiré huit mille livres de trente mille livres qu'ils ont donné, attendu qu'ils ont receu plusieurs Maistres pour rien en consideration des Puissances qui l'ont ainsi voulu ; qu'ils ne reçoivent par an que deux cens livres, & qu'ils sont cent cinquante livres de frais pour leurs diligences. Ce qui est une insigne fausseté, attendu que lors qu'ils ont acheté leurs charges en 1691. la Communauté estoit composée de 250. Maistres effectifs, comme il appert par une liste que Verdier Violon de feu S. A. R. Mademoiselle, a fait imprimer au temps de sa Jurande en 1690. par Chenault, ruë saint Severin: Desquels devant recevoir quatre livres de droits annuels pour chacun, ces Jurez estoient déja surs de mille livres de rente pour les dix-huit mille livres qu'ils ont donné en premier lieu, sans l'augmentation des Hautbois. Et depuis, le Roy par sa Declaration leur ayant accordé moyennant douze mille livres d'augmentation (à l'exception des treize de l'Academie) tous les Danseurs de Paris, qui sont au nombre de plus de huit cens, y compris lesdits Hautbois, il est constant que ces Jurez ont receu plus de quatre

www.ingramcontent.com/pod-product-compliance
Lightning Source LLC
Chambersburg PA
CBHW060515050426
42451CB00009B/999